Dias zur Bibel

Lebenserfahrung

Eschbach

Diese Diaserie ist folgenden Veröffentlichungen zugeordnet:

Eschbacher Bibelheft 3: Lebenserfahrung
Worte aus den Weisheitsbüchern der Bibel
ausgewählt und neu übertragen von Jörg Zink
32 Seiten mit Bildern von Pieter Bruegel d. Ä. und Max Hunziker
(Bestell-Nr. 087)

Eschbacher Handbild 3: Das Gleichnis von den Blinden
von Pieter Bruegel d. Ä., 1568
Großformat 25 x 19 cm, Block mit 15 Bildern und einer Betrachtung von Jörg Zink (Bestell-Nr. 897)
Das Motiv des Handbildes ist auch in dieser Diaserie enthalten (Bild 3).

Den Text zur Diaserie haben geschrieben:
Rose-Marie und Rainer Hagen (S. 3–8); erstmals erschienen in ART, Das Kunstmagazin, Februar 1981; auch erschienen in dem Buch „Meisterwerke europäischer Kunst als Dokumente ihrer Zeit erklärt", von Rose-Marie und Rainer Hagen, DuMont-Buchverlag, Köln.
Jörg Zink (S. 9–10); erstmals erschienen in DiaBücherei Christliche Kunst, Band 21: Jesusgeschichte III: Reden und Gleichnisse, Verlag am Eschbach, 1987.
Jürgen Schwarz (S. 11–32).

CIP-Titelaufnahme der Deutschen Bibliothek

Lebenserfahrung
hrsg. von Martin Schmeißer und Jürgen Schwarz. –
Eschbach/Markgräflerland: Verlag am Eschbach, 1989
  (Dias zur Bibel; 3)
12 Dias und Text
ISBN 3-88671-936-7

© 1989 Verlag am Eschbach GmbH
Im Alten Rathaus, D-7849 Eschbach/Markgräflerland
Alle Rechte vorbehalten

Umschlaggestaltung: Reinhard Liedtke, Gelnhausen, unter Verwendung
der Lithographie „Nichts ist, das dich bewegt ..." von Max Hunziker, 1955 (vgl. S. 13)
Diakopien: Herrmann & Kraemer, Garmisch-Partenkirchen
Satz und Druck: B & K Offsetdruck GmbH, Ottersweier
Verarbeitung: Großbuchbinderei Josef Spinner, Ottersweier

Das Narrenschiff

Hieronymus Bosch, 1480/1516
Bildbefragung Rose-Marie und Rainer Hagen

Die Stadt Frankfurt ließ im Jahre 1399 einen Irren, der nackt durch die Straßen gelaufen war, auf dem Main flußabwärts aus der Stadt schaffen. 1406 mußten Fischer einen Närrischen nachts von Frankfurt nach Mainz fahren. 1418 wurde eine verrückt gewordene Frau mit dem Schiff von Frankfurt nach Aschaffenburg transportiert. 1427 verschickten die Frankfurter einen Schmied, der den Verstand verloren hatte, den Main hinunter und dann auf dem Rhein bis in die Gegend von Kreuznach.

Bild 1: Das Narrenschiff
Hieronymus Bosch, 1480/1516
Öl auf Holz, 32 x 57,8 cm
Paris, Musée Louvre (Foto Giraudon, Paris)

Auch aus anderen Städten Europas sind solche Deportationen bekannt. Gelegentlich wurden die Irren auf Schiffen fortgebracht, meist aber zusammen mit Warentransporten über Land verfrachtet. Doch wurden nicht nur Unzurechnungsfähige ausgewiesen, auch Bettler, fahrende Schüler, entlassene Soldaten, Krüppel, Kranke. Die Schar herumziehender Menschen ohne festen Wohnsitz war am Ende des Mittelalters groß; in einigen Gegenden betrug sie bis zu 30 Prozent der Bevölkerung. Die Städte schützten sich mit Mauern und festen Toren nicht nur gegen Feinde, sondern auch gegen diese herumstreunenden Heere. Kamen einzelne der Landstreicher zu ihnen herein, dann wurden sie nach einigen Tagen fortgeschickt oder hinausgeprügelt. Nur bei offensichtlich Unzurechnungsfähigen wurde ein Schiffer oder ein Fuhrmann beauftragt, sie fortzuführen. Er brachte sie in deren Heimatort oder ließ sie irgendwo stehen. Hauptsache, sie kamen nicht zurück.

Dabei wurde sehr genau unterschieden zwischen stadteigenen und stadtfremden Irren. Die eigenen wurden nicht verjagt, allenfalls eingesperrt, und das auch nur, wenn sie Bürger gewalttätig belästigten. Sie kamen dann in die „Torenkiste" oder ins „Narrenhaus", meist wohl eher kleine Verschläge als feste Gebäude, versorgt von einem niederen Bediensteten der Stadt. Verwahrt wurden sie dort, behandelt nicht. Heilung wurde nicht erwartet, es sei denn durch ein Wunder. Das war bei anderen schweren Krankheiten genauso; die Patienten und Angehörigen vertrauten mehr auf Gott und die Heiligen als auf Arzneien.

Diese Einstellung hatte zwei Ursachen: das niedrige Niveau der ärztlichen Kunst und die große Rolle der Religion. Gottes Himmelreich war im Mittelalter immer gegenwärtig. Von Gott aus wurde das Leben der Menschen definiert. Ziel aller mußte es sein, zu ihm zu gelangen. In seiner Nähe begann das wahre Leben; das Dasein in dem irdischen Jammertal galt als Durchgangsstation, wichtig nur insofern, als hier die Menschen sich für die Aufnahme in den Himmel qualifizieren konnten.

Diese so intensiv empfundene, immer gegenwärtige Herrschaft Gottes bestimmte auch das Verhältnis der Menschen untereinander. Sie waren alle auf dem gleichen Weg, waren alle Pilger zum Heil. Angesichts dieses gemeinsamen Ziels wurden die Unterschiede zwischen den einzelnen weniger wichtig. Auch die Unterschiede zwischen Irren und Nicht-Irren. Sie lebten miteinander. Die Familien hielten ihre kranken Angehörigen bei sich. Die Irren waren in die Gesellschaft integriert. Nur wenn sie keine Familie hatten oder wenn die Angehörigen sie nicht im Zaume halten konnten, kamen sie ins Narrenhaus.

Die Irren wurden aber nicht nur geduldet, sie besaßen auch eine religiöse Funktion: Die Gesunden konnten ihnen Gutes tun. Almosen, Stiftungen, tätige Nächstenliebe, das alles zählte zu den guten Werken, die den Eintritt ins Himmelreich erleichterten.

Zur Zeit Hieronymus Boschs wandelte sich diese Einstellung. Er lebte am Ende des Mittelalters und zu Beginn der Neuzeit, in jener sich langziehenden Periode, in der das christliche Weltbild seine Einheitlichkeit und Kraft verlor. Das „Narrenschiff" malte Bosch zwischen 1480 und 1516; das genaue Datum ist nicht bekannt. 1517 publizierte Luther seine Thesen in Wittenberg. Er, wie auch die anderen Reformatoren, bezweifelte den Wert der guten Taten als Eintrittskarte fürs Himmelreich. Dadurch verloren die Irren zusammen mit den Krüppeln und Bettlern, an denen man seine Nächstenliebe hatte beweisen können, ihren religiösen Wert. Von notwendigen wurden sie zu eher unerwünschten Personen. Man begann sie auszusondern. Die Zahl der Gefängnisse nahm zu, Arbeitshäuser wurden eingerichtet; die psychisch Kranken wurden da zusammen mit Dieben, Bettlern, Arbeitsunwilligen eingesperrt.

Es gibt keine Beweise, daß tatsächlich Irre schiffsladungsweise abgeschoben wurden, aber man könnte Boschs Narrenschiff als symbolische Darstellung deuten für den großen Aussonderungsprozeß, der zu seiner Zeit begann. Doch das wäre eine Deutung aus heutiger Sicht. Daß Boschs Zeitgenossen das Bild so interpretiert haben, ist unwahrscheinlich. Sie hatten bei der Betrachtung anderes im Kopf.

Bild 2: Das Narrenschiff (untere Bildhälfte)

In der Mitte des Bootes sitzen ein Franziskaner-Mönch und eine Nonne. Sie schlägt die Laute; die beiden singen oder versuchen mit dem Mund, den Pfannkuchen zu fangen, der an einem Bande hängt und von dem Mann mit der gereckten Hand bewegt wird. Auf dem Brett zwischen Mönch und Nonne liegen Früchte, die Kirschen ähnlich se-

Bild 2

hen, neben dem Teller steht ein Becher, vielleicht zum Würfeln.

Boschs Zeitgenossen waren es gewohnt, in einem solchen Arrangement von Dingen und Personen einen Sinn zu suchen. Hier dürften sie etwa gedacht haben: Mönch und Nonne sollen eigentlich getrennt leben – sitzen sie zusammen, dann leben sie falsch. Die Laute, das weiße Instrument mit dem runden Loch, erinnert an die Vagina, das Lautespielen bedeutet also Unzucht. (Als männliches Gegenstück zur Laute in der Symbolsprache der Zeit galt der Dudelsack.) Das kindische Spiel mit dem Pfannkuchen verweist auf Völlerei, die große Zahl von Krügen und Fässern auf Trunkenheit, der Becher möglicherweise auf das verrufene Würfelspiel. Die Leute in diesem Boot wissen nicht, was gut und richtig ist. Sie sind Narren. So sitzt da ja auch einer im richtigen Kostüm.

Die Vorstellung von einem Schiff voller Narren war Boschs Zeitgenossen durchaus geläufig, zum Beispiel von Karnevals-Umzügen, bei denen Schiffe auf Rädern, besetzt mit Narren, durch die Straßen gezogen wurden. In mehreren niederländischen Städten gab es Fest-Vereinigungen mit Namen „Blauwe Scuut", in diesen blauen Schiffen versammelten sich Leute, die zusammen trinken und fröhlich sein wollten. Möglicherweise hatten die Betrachter dieses Bildes auch bereits ein Buch mit dem Titel „Narrenschiff" gelesen. Es erschien 1494 in Basel und wurde zu einem in mehrere Sprachen übersetzten Bestseller. Sein Autor, Sebastian Brant (1458 bis 1521), beschreibt darin über 100 unterschiedliche Narren oder närrische Verhaltensweisen. Etwa: „Ein Narr ist, wer sich darauf spitzt, daß er eines anderen Erb' besitzt ..." oder: „Da find' ich närrische Narren viel, die all ihr Freud' haben an dem Spiel ..." oder: „Der ist ein Narr, der Gott veracht' und wider ihn ficht Tag und Nacht ..." Alle diese Narren besteigen ein Schiff mit dem Ziel Narragonien.

Jedoch, ein Narr damals war etwas anderes als ein Narr heute. Der Begriff wurde im Mittelalter umfassender gebraucht als heute. Er meinte nicht nur jene, die gegen Gottes Gebote und die Regeln des Zusammenlebens verstießen, sondern auch die psychisch Kranken. Diesen anderen Sprachgebrauch muß man sich vergegenwärtigen, wenn man wissen will, mit welchen Gedanken und Vorstellungen Boschs Zeitgenossen sein Bild betrachtet haben. Natürlich hat man im Mittelalter gesehen, daß es Unterschiede gab zwischen den beiden Gruppen von Narren. Aber der Unterschied wurde nicht sehr ernstgenommen. Auf Gott bezogen, kam es ja auf dasselbe heraus: Die einen waren so unfähig wie die anderen, den geraden Weg zu Ihm zu erkennen. Alle Narren waren Sünder. Nur räumte man den Irren unter ihnen eine größere Chance der Vergebung ein.

In der Kunst des Mittelalters gab es eine Bilder-Sprache, ein Zeichen-Vokabular, mit dessen Hilfe Gemälde vom Künstler angelegt und dann vom Betrachter „entschlüsselt" wurden. Es gab Nachschlagewerke, in denen die Bedeutung der einzelnen Symbole und Zeichen zusammengestellt war. Heute sind diese Bücher wichtige Informationsquellen. Sie belegen unter anderem, wie mehrdeutig die Bildzeichen waren. Ein Schiff etwa konnte als Stadt, Kirche, Glauben oder als Symbol für das Leben verstanden werden. Boschs Narrenschiff war also entweder als Leben oder als Kirche zu interpretieren. Kritik an den Vertretern der Kirche war am Ende des Mittelalters weit verbreitet. Aber die beiden Interpretationen schließen ja einander auch nicht aus.

Ähnlich vieldeutig wie das Schiff ist das Wasser. Einerseits wurde es in Zusammenhang gedacht mit Reinigung und Erneuerung – mit der Taufe. Andererseits bedeutete es Gefahr, Bedrohung und auch Sünde. Nackte Figuren im Wasser sind nach damaligem Zeichen-Verständnis fast immer Sünder.

Häufig wurde Wasser mit Wahnsinn in Verbindung gebracht, weil Wasser als nicht faßbar, als nicht ergründbar galt – und darin dem Wahnsinn glich. Beides sind Gewalten, denen der Mensch ausgeliefert ist. Andererseits: In dem niederländischen Ort Meulebeck wurden Geisteskranke über eine Brücke geführt; der Gang übers Wasser des Flusses sollte Heilung bringen.

Auf den Wimpel am Mast des Bootes hat Bosch einen Halbmond gemalt. Das war das Zeichen der Türken, die Europa bedrohten. Der Halbmond wurde aber auch benutzt, um auf Bildern psychisch Kranke zu kennzeichnen: die Narren als Irre unter der Fahne der Christen-Feinde.

Nochmals Bild 1: Gesamtdarstellung
(Abbildung Seite 3)

Zwei Baum-Gebilde hat Bosch auf seinem Bild untergebracht, und sie nehmen viel Platz ein. Das eine dient als Steuer, das andere als Mast. Der Steuer-Baum ist am Heck angebunden. An einem toten Ast hängt ein Fisch; auf einem anderen sitzt der Narr. Es ist ein sehr ungleichgewichtiges Baum-Gebilde und schwer zu bewegen. Gerade jene Eigenschaften, die ein gutes Steuer braucht, besitzt es nicht.

In dem Busch steht ein Mann, man weiß nicht wie. Er reckt sich, um eine gebratene Gans vom Mast zu schneiden. Seine Tätigkeit erinnert an Spiele am Maibaum, der damals auch in den Niederlanden aufgestellt wurde. An den Maibaum wurden Dinge gebunden, die dann die jungen Leute im Wettbewerb abschneiden mußten. Die Krone des Mastbaumes ist nicht angewachsen, sie besteht aus lose befestigten Zweigen. Nur der innere Teil mit den Glanzlichtern stammt von Bosch; die Erweiterung hat irgend jemand später dazugemalt. Der Mastbaum taugt nicht zum Segelsetzen, das Ruder taugt nicht zum Steuern. Beide Teile sind unnütz, und auch der Riesen-Kochlöffel dürfte wenig helfen, um das Boot vorwärts zu bringen. Die Passagiere jedoch sind trunken und fröhlich; sie sehen nicht, daß sie ihr Schiff nicht lenken können. Nie werden sie Narragonien erreichen.

In der Bilder-Sprache des Mittelalters und auch im sinnbildhaften Denken anderer Kulturen besitzt der Baum (wie auch Wasser, Schiff oder Felsen) große Bedeutung. Bei den Germanen war es die Weltesche Yggdrasil, die Erde und Himmelswelt zusammenhielt. Auch in den Mythologien asiatischer Völker stehen kosmische Bäume. Bei den Buddhisten gibt es einen Baum der Erleuchtung, einen Feigenbaum, im jüdischchristlichen Paradies den Baum der Erkenntnis.

Dieser christliche Erkenntnis-Baum ist die Folie, vor der dem Mast des Narrenschiffs seine besondere Bedeutung zukommt. Er trägt keine Äpfel wie das biblische Gegenstück, nur eine Gans ist angebunden. Der Mann, der sie herunterholt, wird nicht verwandelt; er hat nicht plötzlich den Trieb zu wissen, zu erkennen wie Adam, er bekommt nur einen vollen Bauch. Bosch zeigt eine Umkehrung dieses geheimnisvollen Vorgangs, der in der Bibel mit „Erkenntnis" und „Vertreibung aus dem Paradies" umschrieben wird. Eine sehr realistische, materialistische Umkehrung: Die Verdrängung des Geistes durch die Völlerei.

Daß die Laubkrone nicht gewachsen, sondern angesetzt ist, paßt zum Vorbild des Maibaums und auch in den Bedeutungs-Zusammenhang des Bildes. Der Narrenbaum ist tot, er trägt keine eigenen Blätter, hat keine Früchte. Der Busch unter ihm ist zwar voller Blattwerk, aber als „Frucht" reicht es nur zu einem toten Fisch.

Oben in der Krone des Mastbaums sitzt oder hängt etwas, das heute nicht mehr genau zu erkennen ist. Es kann ein Totenkopf, es kann eine Eule sein. Die Eule gilt als Vogel der Weisheit und des Todes. Weisheit wäre nur noch eine ferne Erinnerung, der Tod dagegen ist nah. Das Narrenschiff wird scheitern und untergehen.

In Sebastian Brants „Narrenschiff" sind alle Personen andauernd in Bewegung: Rastlos und sinnlos tun sie irgend etwas, als bedeute Stillstand Gefahr. Auch Boschs Passagiere sind aufgeregt oder angeheitert in Bewegung, mit einer Ausnahme: die Person im Narrenkostüm. Sie sitzt abseits von der Gruppe, dreht ihr den Rücken zu, schlürft ruhig aus einer Schale. Man könnte denken, sie meditiere.

Das Kostüm des Narren war sehr populär zu Boschs Zeiten, es wurde von den Spaßmachern bei Hofe getragen, bei Fastnachts-Spielen und -Umzügen; auch richtige Narrenfeste wurden veranstaltet. Zum Narrenkostüm gehörten die Schellen, die ewig klingeln sollten und dies nur taten, wenn der Narr sich ständig bewegte. In der Hand hielt der Narr entweder einen Spiegel – Symbol der selbstverliebten Eitelkeit – oder wie bei Bosch ein Narrenzepter beziehungsweise einen Narrenkolben. (Auf französisch ist es eine Marotte, und in verändertem Sinne bürgerte dieser Begriff sich auch im Deutschen ein.) Meist hat dieser Kolben ein geschnitztes Narrengesicht, er gilt als Phallus-Symbol. Bisweilen trägt der Narr auf der Kappe einen Hahnenkamm. Kamm und Kolben verweisen auf unkontrollierte Sinnlichkeit. Die Eselsohren zeigen Dummheit an. Von symbolischer Bedeutung ist auch, daß die Narrenkappe eng am Kopf anliegt – fast wie eine zweite Haut. Das soll bedeuten: Dieses Narrenkostüm klebt fest, man kann es nicht einfach ablegen; es gehört mit seinen Zeichen für Dummheit und Sinnlichkeit zur menschlichen Natur, der Mensch ist nicht nur Geist, sondern auch Tier.

Diese Konzeption des Narren hat die Menschen am Ausgang des Mittelalters und zu Beginn der Neuzeit außerordentlich fasziniert. Sie dachten in Sinnbildern. Der Narr versinnbildlichte die conditio humana: So ist der Mensch, ein Zwitter, zugehörig den Sphären des Geistes und der Triebe.

Jedoch, wie es Sinnbilder so an sich haben, sie sind nicht fest umrissen, sondern lassen unterschiedliche Deutungen zu. Sie leben mit den Generationen und wandeln sich mit deren Anschauungen. Grundsätzlich gesehen, war im Mittelalter jeder Mensch ein Narr. Auf einer nicht ganz so grundsätzlichen Ebene war Narr nur der, der falsch handelte – wie etwa die Passagiere in Sebastian Brants Narrenschiff. Die verfehlen den rechten Weg und kommen nicht ins Himmelreich. Zu Beginn der Neuzeit verlor jedoch diese christliche Erlösungs-Vision, diese Ziel-Vorstellung fürs menschliche Leben, ihre allgemeine Kraft. Das christliche Weltbild verblaßte. Statt auf christliche Autoritäten vertraute man mehr auf eigene Erfahrung. Das irdische Jammertal verwandelte sich in eine reizvolle Landschaft. Die Menschen darin entdeckten ihre Individualität. Für ihr neues Lebensgefühl suchten sie ein Sinnbild und stießen dabei wieder auf den Narren. Er wurde umgedeutet: nicht mehr Sünder, sondern Sonderling, einer, der anders ist als die anderen; einer, der seine Individualität ausspielt.

Um 1500 herum – also zu einer Zeit, als sehr viele Bücher über Narren erschienen – taucht in der Literatur auch eine volkstümliche Figur auf, die den neuen Narren-Typus vorzüglich repräsentiert: Till Eulenspiegel. Er lebt nicht falsch, aber anders. Er ist nicht dümmer, sondern klüger als die Bürger, Bauern, Diebe. Er legt sie herein, erzieht sie auf brutale Schelmenweise, macht sich dann aus dem Staube. Er gehört zu den Unsteten, den Heeren der Heimatlosen, die durch Europa ziehen. Auf der Ebene der Herrschenden wird der nur dem eigenen Willen gehorchende Renaissance-Fürst zum Individualismus-Idol. Auf niederer Ebene übernimmt in bestimmten Regionen Till Eulenspiegel diese Idol-Funktion: der Narr als positiver Held.

Die Person im Narrenkostüm auf Boschs Bild ist so ein Eulenspiegel-Typ. Er macht nicht mit, er denkt für sich, ein Sonderling. All die anderen Passagiere repräsentieren den alten Narren-Typ, sie handeln falsch, saufen und fressen und lieben herum, statt ihr Lebensschiff auf das Himmelreich zuzusteuern. Sie sind Sünder. So bringt Bosch also zwei verschiedene Narren-Auffassungen in seinem Boot zusammen: Die eine gehört ins Mittelalter, die andere in die beginnende Neuzeit. Ein Dokument des Übergangs, der Zeitenwende.

Das Gleichnis von den Blinden

Pieter Bruegel d.Ä., 1568
Bildbetrachtung Jörg Zink

Bild 3

Tempera auf Leinwand, 154 x 86 cm. – Neapel, Museo Nazionale
(Aufnahme Colorphoto Hans Hinz, Allschwil)

Ohren wünschte uns Jesus, damit wir hören, Augen, damit wir sehen. „Wenn ein Blinder einen Blinden führt", sagt er, „so fallen sie beide in die Grube." (Mt 5,14; vgl. Lk 6,39)

Vor einer sensibel gemalten Landschaft treibt und stolpert ein Zug von sechs Männern von links oben nach rechts unten durch das Bild. Ein Haus ganz links, ein mächtiges Scheunendach, ein entferntes Bauernhaus und vor allem eine Kirche mit spitzem Turm, breit hingelagert in die Aue, vor einem herwärts abfallenden Hügel, ziehen miteinander den Blick nach rechts zu einem Bach, der sich durch das weite Flußtal hinschlängelt, und zu einem einsamen Baum, der das Bild nach rechts abschließt.

Auf der Suche nach der Brücke, die über den Bach führen sollte, geraten sechs blinde Männer, die sich aneinander festhalten oder sich mit Stöcken führen, vom Weg ab und stürzen einer nach dem anderen in den Bach. Der vorderste ist bereits rücklings ins Wasser gefallen. Das Saiteninstrument, mit dem er in den Dörfern musiziert haben mag, um für sich und die anderen milde Gaben zu erhalten, fällt neben ihm in den Bach. Der zweite begreift eben, daß etwas nicht stimmt, kann sich aber nicht mehr halten und reißt den anderen, der ihm mit dem Stock verbunden ist, hinterher. Der hat bereits das Gleichgewicht verloren. Ihm folgt einer, der schon unsicher ist, was er tun soll, während die beiden letzten noch hinterhertappen, sich auf die verlassend, die vor ihnen sind.

„Wenn ein Blinder einen Blinden führt, so fallen sie beide in die Grube." Das Wort war in der Zeit Bruegels ein

Sprichwort. So schreibt Sebastian Brant in seinem „Narrenschiff" von 1494: „Eyn blyndt den andern schyltet blind, wiewohl sie beid gefallen synt."

Bemerkenswert ist die Lücke zwischen den beiden ersten und dem dritten der Männer. Es scheint so, als fielen nur die beiden ersten, der dritte und die übrigen aber hätten die Chance, sich gegenseitig noch einmal zu warnen und den Sturz zu vermeiden. Aber der Stock, der den zweiten mit dem dritten verbindet, ist doch mit dem vorgestreckten Arm des dritten so geradlinig verbunden, daß deutlich ist: Dieser Sturz reißt sie alle mit.

In dieser Lücke aber steht die Kirche, und der dritte Mann von rechts scheint mit seinen blinden Augen den Kirchturm zu suchen, ihn mit seiner linken Hand von unten her zu ertasten, so, als wolle Bruegel sagen: Eigentlich wäre da eine Wegweisung für die blinde Menschheit, ein senkrecht und fest stehender Turm, aber die Menschheit taumelt an ihm vorbei, von Blinden geführt und ihrer Weisheit vertrauend.

Wen meint Bruegel mit den armen Menschen, die da hoffnungslos dem Sturz entgegenstolpern? Meint er eine der vielen Elendsgruppen, die bettelnd und musizierend durch das Land zogen, vielleicht vermehrt durch alle die, die in den Kriegszeiten jener Jahre die Gliedmaßen oder das Augenlicht verloren haben? Seltsam ist zunächst, daß die Männer auffallend gut gekleidet sind. Der hier in seinem blauen Rock und seinen weißen Strümpfen, der eben zu fallen beginnt, ist kein Bettler, und der ins Wasser Gefallene zeigt ebenso wenig Spuren von Zerlumptheit wie die vier, die den beiden folgen.

Dieses Bild, das Bruegel im Jahr vor seinem Tod gemalt hat, ist ein „Gleichnis", und manche meinen, es zeige das Schicksal seiner Heimat, der Niederlande, die nach seiner Auffassung von Leuten geführt würden, die nicht sehen könnten, was dem Menschen zum Leben dient. Und in der Tat liegt die Auslegung des Gleichnisses auf politische Verhältnisse hin auch unserer eigenen Zeit unerhört nahe.

Viele Bilder Bruegels sind politische Metaphern, so möglicherweise auch dieses. Aber wie fast überall ist Bruegel kein Entlarver oder zynischer Agitator. Er sieht auch in denen, die führen wollen und doch blind sind, Menschen. Unglückliche, letztlich getriebene, orientierungslose, leidende Zeitgenossen, Opfer von Verhältnissen, die sie nicht geschaffen haben. Bruegel ist ja nicht der derbe Bauernmaler, als der er häufig gesehen wird, sondern ein feinfühliger Liebhaber der Menschen, der ihnen wünscht, es möchten ihnen die Augen aufgehen und sie das Licht sehen und den Weg und die Brücke, und vor allem: die anderen, die mit ihnen zusammen auf dem schwierigen, hindernisreichen Weg zum Heil sind. Und vielleicht ist mit der einsamen Kirche der gemeint, der von sich gesagt hat, er sei gekommen, daß die Blinden sehen lernten: Jesus Christus, der von sich sagt: „Ich bin das Licht der Welt. Wer mir nachfolgt, der wird nicht in der Finsternis bleiben, sondern das Licht des Lebens haben." (Joh 8,12)

Bilder zum „Cherubinischen Wandersmann" des Angelus Silesius

Max Hunziker, 1955
Bildbetrachtungen Jürgen Schwarz

Sieben Vorbemerkungen

1. Die neun Lithographien von Max Hunziker zum „Cherubinischen Wandersmann" des Angelus Silesius sind schwarzweiß angelegt und sprechen in Formen[1]. Die Farben sind später hinzugekommen. Dieser Diaserie liegen handkolorierte Probedrucke zugrunde, die im Besitz der Graphischen Sammlung der Eidgenössischen Technischen Hochschule Zürich sind; sie stellte uns die Diavorlagen zur Verfügung, die hier zum ersten Mal veröffentlicht werden. Die Wiedergabe erfolgt mit freundlicher Genehmigung von Frau Gertrud Hunziker-Fromm, Zürich.

2. Der Schweizer Künstler Max Hunziker (geb. 1901, gest. 1976) hat wie ein Cherubinischer Wandersmann die Welt Europas durchstreift. Frankreich und Italien waren ebenso sein Zuhause wie die Schweiz. Was er dort gesehen und gelernt hat, kehrt in seinen Bildern wieder, in den Menschen, den Landschaften und den Städten[2].

3. Nach Auskunft von Zeitzeugen[3] war er als Künstler Autodidakt, Selbstlerner also. Es darf angenommen werden, daß er gelassene Nachsicht üben würde mit jedem, der sich mit Ernst bemüht, zu sehen, was er gemalt hat, ohne ihn doch als Zeugen für die eigenen Überzeugungen zu vereinnahmen. Es wäre jedoch vermessen zu meinen, was er gemalt hat, hätten wir zur Gänze gesehen. *Bildeindrücke* sind es, und wer sich Zeit nimmt, wird wohl mehr und anderes sehen können.

4. Max Hunziker begleitet den „Cherubinischen Wandersmann" Angelus Silesius (geb. 1624, gest. 1677)[4] auf neun Stationen seiner Reimreise. Es ist gänzlich unangebracht, in diesem Zusammenhang Ausführliches über das Buch zu sagen. Der Leser soll genötigt werden, sich den Reichtum der Bilder zu vergegenwärtigen am Reichtum des „Cherubinischen Wandersmann". Es sei ihm zu diesem Behufe die schöne Ausgabe aus dem Manesse-Verlag empfohlen[5].

5. Zu den Bildeindrücken treten *Denkanstöße*. Wo sie nicht der eigenen Feder entstammen, beschränken sie sich neben Texten der Bibel im wesentlichen auf fernöstliche Texte sowie Zeugnisse des Aurelius Augustinus. Eine kontrapunktische Vergegenwärtigung bilden Texte von Reiner Kunze und Hilde Domin. Und gleiches gilt für die Schlußreime des Angelus Silesius am Ende jeder Bildbetrachtung, die nicht Max Hunziker ausgewählt hat.

6. Die Auswahl der Fremdtexte hat selbstverständlich exemplarischen Charakter. Der Leser wird beispielsweise Texte der Mystiker (z.B. Böhme, Tauler, Meister Eckhart) ebenso selten fin-

den wie Zeugnisse aus der Barocklyrik des 17. Jh. Er soll darin keine Ignoranz sehen. Wir haben sie gelesen, uns aber entschieden, den Fremdtext zu wählen, der u.M.n. dem heutigen Betrachter leichter zugänglich ist – im Rahmen einer Diaserie.

7. Die Lithographien des Max Hunziker sind Einzelblätter und stellen doch ein Geschlossenes dar in dem Sinne, daß das Fragment ein Teil des Ganzen ist. Der Künstler gibt keine Auskünfte, weshalb er diese Reime und nicht etwa andere des Angelus Silesius ausgewählt hat. „Ich glaube, mich nicht zu irren, daß er sich gerne Texte aussucht, die Trost bieten, ohne das Leid zu verleugnen" (Gombrich, siehe Anm. 3). So sind die Texte zu den Bildern als Einzelbetrachtungen entstanden, die gleichwohl immer den gesamten Zyklus im Auge haben.

Anmerkungen

[1] Die neun Lithographien haben eine Originalgröße von je 25 x 35 cm. Sie erschienen erstmals 1955 mit Mappe im Johannes Verlag, Einsiedeln, dann – zusammen mit weiteren Blättern zu Sprüchen aus dem Cherubinischen Wandersmann – als Buch unter dem Titel: Max Hunziker, Lithographien zum Cherubinischen Wandersmann des Angelus Silesius. Einführung von Willy Kramp. Furche-Bücherei Nr. 208, Furche-Verlag, Hamburg 1962. Die von uns gewählte Anordnung der Motive richtet sich nach der Reihenfolge der Silesius-Texte.

[2] Max Hunziker, geboren 1901 in Zürich, besuchte dort die Schulen bis zur Matura. Danach entschied er sich – als Autodidakt –, Maler zu werden. 1921 ging er für vier Jahre nach Italien, anschließend bis 1939 nach Frankreich und lebte bis zu seinem Tod im Jahre 1976 als Maler und Glasmaler in Zürich. Er illustrierte mehrere Bücher, unter anderen „Thyl Ulenspiegel" und „Simplicius Simplicissimus", beschäftigte sich viel mit Originalgraphik und schuf, vor allem für kirchliche und öffentliche Gebäude, Glasmalereien.

[3] Hier vor allem E. H. Gombrich, in: Max Hunziker, Malereien, Glasfenster, Graphik. – Katalog zu Ausstellungen in Zürich vom 26. 8. bis 8. 10. 1972 (Helmhaus und Eidgenössische Technische Hochschule), Zürich 1972; vgl. auch Katalog „Max Hunziker" der Ausstellung vom 30. 10. bis 29. 11. 1975 im Kunstsalon Wolfsberg, Zürich.

[4] „Angelus Silesius", der „Bote aus Schlesien", wie man dieses Pseudonym gedeutet hat, hieß eigentlich Johannes Scheffler und war von Beruf Arzt. 1624, mitten im Dreißigjährigen Krieg, wurde er in Breslau geboren, gerade als Schlesien eine anderthalb Jahrzehnte während Schonfrist erlangt hatte, bis der Krieg von neuem ins Land brach. Dennoch war es dem jungen Scheffler möglich, in Breslau das Gymnasium zu absolvieren und in Straßburg, in Leiden und in Padua zu studieren. Ebendort wurde er 1648, im letzten Kriegsjahr, zum Doktor der Medizin sowie der philosophischen Wissenschaften promoviert. 1649 kehrte er heim nach Schlesien, wo er Leibarzt des Herzogs von Öls wurde. Den herzoglichen Hof verließ er vierzehn Jahre später im Zorn über die von dem engstirnigen Hofprediger ausgeübte Zensur und trat im Sommer 1653 in Breslau zum katholischen Glauben über. Vier Jahre später veröffentlichte er fünf Bücher „geistlicher Sinn- und Schlußreime", die in der auf sechs Bücher erweiterten zweiten Auflage (1675) „Cherubinischer Wandersmann" betitelt wurden. Der österreichische Kaiser Ferdinand III. ernannte ihn zum Hofmedicus. 1661 erhielt er die Priesterweihe, und der ursprüngliche Protestant wurde nun zum Kämpfer der Gegenreformation. 1677 starb er im Kloster St. Matthias, das der Erbe seines literarischen Nachlasses wurde.

[5] Angelus Silesius, Cherubinischer Wandersmann oder Geistreiche Sinn- und Schlußreime. Herausgegeben von Louise Gnädiger nach dem Text von Glatz 1675. Mit 56 Illustrationen. Vollständige Ausgabe, Manesse-Verlag, Zürich 1986. Die Zahlen hinter den Sentenzen bedeuten: Römische Ziffern = Buch, arabische Ziffern = Sentenz in der Zählung des AS.

**Nichts ist, das dich bewegt:
du selber bist das Rad,
Das aus sich selbsten lauft
und keine Ruhe hat. (I, 37)**

Bild 4 · Max Hunziker, 1955

Der Satz beginnt mit einem „Nichts" und endet mit „keine Ruhe". Lebenserfahrung bewegt sich zuweilen in äußersten Grenzsituationen. So wird der Punkt bestimmt, auf den alles ankommt. Lebenserfahrung selbst aber „ist ein Wort Gottes an uns" (Hans Weder, Neutestamentliche Hermeneutik, TVZ-Verlag, Zürich 1986).

„Du selber bist das Rad": Auf tiefblauen Hintergrund malt der Schweizer Künstler Max Hunziker ein Wagenrad, dessen Merkmal es nun gerade ist, daß es nicht aus sich „selbsten lauft", sondern daß es durch Menschen in Bewegung gesetzt wird. Im Rad des Angelus Silesius, zu dessen Sentenz Max Hunziker dieses Bild malt, sieht er nicht etwa das kleine Rädchen im Getriebe der Welt, auch nicht die Unruhe, die für das Werden der Zeit steht. Ein Wagenrad ist es, unübersehbar. Und auf ihm liegt ein Mensch. Ornamental ist er zu einem L gebogen – vielleicht kann man daraus auch ein Z (für Zeit) lesen? –, als wolle der Künstler sagen: Das L (= Leben) ist mit dem Rad verschmolzen, diesem Symbol für Werden und Vergehen, und ohne das Rad finden wir Leben nicht. Beide – Wagenrad und Mensch – berühren den Boden, dem sie entstammen. Der Mensch überragt das Rad um Hauptteslänge und verbindet sich so mit dem Blau des Hintergrunds, das dem Blau des Himmels entspricht.

Nichts ist, das dich bewegt,
du selber bist das Rad,
Das aus sich selbsten lauft
und keine Ruhe hat.

Johannes Scheffler, studierter Medicus, veröffentlicht 1657 erstmals unter dem Namen Angelus Silesius seine „Geistlichen Sinn- und Schlußreime" (Wien 1657), drei Jahre, nachdem er vom lutherischen Glauben zur römisch-katholischen Kirche konvertiert ist, neun Jahre nach dem Westfälischen Frieden, der das Ende des Dreißigjährigen Krieges einleitet. „Lyrik ist wie Glockenläuten", hat einmal Hilde Domin geschrieben: „damit alle aufhorchen. Damit in einem jeden das aufhorcht, das nicht einem Zweck dient, das nicht verfälscht ist durch Kompromisse" (Brief an Nelly Sachs).

Wenn wir den Sinnspruch von Angelus Silesius hören, stocken wir gleich in der ersten Zeile. Wir hören und hören doch anders:

„Nichts ist, das dich bewegt,
Gott selber ist das Rad." –

Aber der Dichter beansprucht Gott nicht. „... du selber bist das Rad" heißt es. Was dich in Bewegung setzt, was dich fragen läßt nach dem Sinn, den dein Leben in dieser Zeit und in dieser Welt haben könnte, die Unruhe, die in dir ist, dies alles ist nicht ferngesteuert. Die Unruhe steckt in uns. Augustinus weiß zu sagen: „Unruhig ist unser Herz, bis es in dir ruht" und führt dann allerdings als Grund an für diese Unruhe: „denn für dich hast du uns geschaffen".

Die Ruhelosigkeit ist unser Attribut, die Ruhe, das Ausruhen, der Sabbat ist das Attribut Gottes. „Die Ruhe Gottes" wiederum „bedeutet die Ruhe derer, die in Gott ruhen" (Augustinus). Die Ruhelosigkeit macht einen Teil des Reizes aus, den wir auf andere ausüben. Die Ruhe macht den anziehend, den wir „Gott" nennen. Aus ihr rührt alles her. Das Chaos ordnet sich aus ihr zu einem ewigen Kreislauf des Werdens und Vergehens. Auf sie führt alles hin in eine ewige Ruhe. *Was den Menschen in Unruhe hält, ist die Suche nach der Ruhe.*

Das Rad ist ganz unwichtig. Das Leben, das zwischen den Speichen durchschimmert, der leibhaftige Mensch, auf ihn kommt es an. Darauf macht die Weisheit aller Zeiten aufmerksam: „Dreißig Speichen treffen die Nabe", heißt es im Tao-te-King des Laotse, „aber das Leere zwischen ihnen erwirkt das Wesen des Rades; aus Ton entstehen Töpfe, aber das Leere in ihnen wirkt das Wesen des Töpfers; Mauern mit Fenster und Türen bilden ein Haus, aber das Leere in ihnen erwirkt das Wesen des Hauses. Grundsätzlich: Das Stoffliche birgt Nutzbarkeit, das Unstoffliche wirkt Wesenheit."

Daß Gott sich mit dem Stofflichen, mit dem Leben, verbündet hat, aber in seiner Nutzbarkeit nicht aufgeht, sondern sein Wesen erst sichtbar macht, in dem er Mensch wird, ist das eigentliche Ärgernis. Das fromme Gemüt möchte es dabei nicht bewenden lassen. Ihm ist ein Gott anerzogen, der von außen kommt, der nicht „aus uns selbsten ist", der von uns so geschieden ist, daß er beschreibbar, dingfest zu machen ist, eine Lehrformel. Was er ist, möchten wir erheben können, feststellen: „eine lehre liegt mir auf der zunge, / doch zwischen den zähnen sucht der zoll" (Reiner Kunze, Rückkehr aus Prag [Dresden Frühjahr 1968], in: gespräch mit der amsel, S. Fischer Verlag, Frankfurt a.M. 1984, S. 118).

Bei Silesius ist Gott schwerlich so erhebbar, mag auch der Zoll in uns noch so sehr danach verlangen. Er liegt uns auf der Zunge, aber wir können ihn nicht formulieren. Silesius verweist uns zurecht an uns selbst.

Rad und Himmel trennt in unserem Bild der Mensch. Rot-weiß getupft ist das Gewand, von fröhlicher Bewegtheit. Die Gestalt ruht ganz auf dem Rad, als wolle sie jeder Bewegung Einhalt gebieten. Der ernsthafte Humor des Harlekins ist der bewegte Boden, aus dem Ruhe wächst. Der Harlekin ist ja, wie der unvergessene Clown Grock gezeigt hat, der Sucher par excellence, der der Sinnlosigkeit des Lebens, mit der er sich andauernd konfrontiert sieht, nur dadurch zu begegnen vermag, daß er den Witz dahinter entdeckt – und so „dennoch" einen Sinn findet. (Das „Dennoch" ist eine wichtige Sprachfigur in der Barocklyrik.) Angelus Silesius faßt in seinem Sinnspruch einen Traum, der den Mensch aller Zeiten bewegt hat: ein

Objekt zu schaffen, das sog. Perpetuum Mobile, das seine Bewegung aus sich selbst gewinnt und behält. Nie ist dies gelungen – und die darauf hingearbeitet haben, galten nicht zuletzt als Harlekine, als Phantasten oder Spaßmacher. Vielleicht ist es ihnen deshalb nicht gelungen, weil das einzige Perpetuum Mobile, das der Idee am nächsten kommt und das die Schöpfung vorzuweisen hat, der Mensch ist? Silesius weist den suchenden, unruhigen Menschen auf sich selbst zurück. „Der auf sich selbst Zurückgeworfene ist dem, der auf sich selbst zurückgeworfen ist, die einzige Geborgenheit" (Reiner Kunze in einem Interview mit der Herder Korrespondenz im Sept. 1987).

Was auf unserem Bild als glatter, blauer Hintergrund erscheint, rundet sich wie ein Himmelszelt um Mensch und Rad, faßt sie als Einheit. In ihm kommen sie zur Ruhe in einer einzigen Bewegung. Sie vereinen sich zu einem Einzigen. Was als endgültige Ruhe, als Himmelsruhe erscheint, ist durchdrungen von einer ruhelosen Lebenserfahrung, die Angelus Silesius in einer anderen Sentenz seines „Cherubinischen Wandersmann" so faßt:

Ruh ist das höchste Gut:
 und wäre Gott nicht Ruh,
Ich schlösse vor ihm selbst
 mein Augen beide zu. (I,49)

Halt an, wo laufst du hin?
Der Himmel ist in dir!
Suchst du Gott anderswo,
du fehlst ihn für und für. (I,82)

Bild 5 · Max Hunziker, 1955

Anruf und Frage eröffnen die Sentenz des Angelus Silesius, zu der Max Hunziker eine Begegnung malt: „Halt an!" heißt der Anruf; „wo laufst du hin?" die Frage.

Ein wohl Älterer in dunklem Gewand, das von roten Sternblumen übersät ist, begegnet einem Jüngeren. Der Weg des Älteren ist zielgerichtet. Er läuft von links nach rechts. Der Finger seiner rechten Hand weist die Richtung. Der Jüngere unterfängt diese Zielstrebigkeit. Er legt zugleich seine linke Hand, dessen Arm in ein lichtes Blau gekleidet ist, auf die vorwärtseilende Schulter des Älteren. Sein Kopf neigt sich auf dessen Stirn. Sacht wird die Vorwärtsbewegung abgebremst. Der leuchtend gelbbraune Himmel wird unterfangen und abgeschlossen durch Türme und Häuser einer Stadt, deren Ufer durch eine Brücke verbunden sind.

„Halt an, wo läufst du hin?" – Deine Bestimmung, deinen Himmel, wo suchst du ihn? Wo Gott? Er ist nicht „anderswo". „Er ist in dir." Wo sonst? Du bist sein Geschöpf. Auch dann – und gerade dann –, wenn du dich verfehlt hast, ist er in dir! Wenn du dich selbst nicht mehr aushältst, hält er dich aus! Die Brücke, die die Wasser der Finsternis überbrückt, die uns zuweilen zu überfluten drohen, die Brücke, die unser Weg ist zu befestigtem Land, zu Häusern, in denen wir uns in Frieden niederlassen können, diese Brücke ist in uns gelegt auf festem Grund.

Das Leben des Menschen ist ein Weg, den wir ablaufen, um den Himmel zu finden. Der Himmel ist „da oben", jedenfalls „anderswo". Wir vermuten ihn außerhalb von uns. Der Glaube freilich ist, wenn er sich der Sprache bedient, präzise: „Der Himmel ist in dir." Der Ausgangspunkt, den Gott nimmt für den Menschen, ist der Mensch, wie der Mensch der Endpunkt seines Weges mit dem Menschen ist. „Und er kam in sein Eigentum", heißt es im Johannesevangelium, „und die Seinen nahmen ihn nicht auf" (Joh 1). Das ist das „Anderswo": Gott kleidet sich in sein Eigentum ein, aber wir anerkennen ihn nicht als unseresgleichen. Augustinus faßt diese Erkenntnis Jahrhunderte später so: „Es wird dir nicht gesagt: Gib dir Mühe, daß du den Weg findest, auf dem du zu Wahrheit und Leben gelangst. Du Fauler, steh auf! Der Weg kommt selbst zu dir und weckt dich aus dem Schlaf! Wenn er dich nur wach machen kann! Steh auf und gehe!"

Die Sprache des Glaubens ist präzise. Sie verweist das Geschwätz der Gasse, das interessiert ist, Gott „anderswo" zu suchen, an uns zurück. „Gott", was immer er sonst sein mag, ist der „Anfang". Dieser Anfang ist das „Wort", mit dem alles anfängt. Und dieses Wort verkörpert sich, es geht in uns ein. Deshalb ist die Sprache des Glaubens, wo sie denn zum Klingen kommen darf, einfach und präzise. „Wer kommen will in Gottes Grund", sagt Meister Eckhart, „in sein Größtes, der muß erst kommen in seinen eigenen Grund, in sein Kleinstes." Weil diese Sprache des Glaubens so einfach, so präzise ist und uns an uns zurückverweist, ist es zuweilen so schwierig, sie zu Wort kommen zu lassen in einer Welt, in der der Krieg der Wörter herrscht, in der auch fromme Sprache inflationär gehandelt wird. Nicht was Gott in uns hineingelegt hat, verunreinigt, sondern was aus uns herauskommt, ist dazu angetan, zu verschmutzen. Das erinnert Jesus. Deshalb kann man an den Worten erkennen, wes Geistes Kind wir sind.

„Wenn die Sprache nicht stimmt", sagt Konfutse in den Schulgesprächen, „so ist das, was gesagt wird, nicht das, was gemeint ist. Ist das, was gesagt wird, nicht das, was gemeint ist, so kommen die Werke nicht zustande; kommen die Werke nicht zustande, so gedeihen Moral und Kunst nicht; gedeihen Moral und Kunst nicht, so trifft die Justiz nicht; trifft die Justiz nicht, so weiß das Volk nicht, wohin Hand und Fuß setzen. Also dulde man keine Willkür in den Worten. Das ist alles, worauf es ankommt."

Der Himmel, der wirkliche Himmel ist

in dir. Der „Gott anderswo" ist in der Tat anderswo. Der präzisen Aussage setzt Hunziker ein Bild gegenüber, das ebenso eindeutig ist: Nicht der Ältere hält den Jüngeren auf. Sondern der Jüngere neigt sich dem Älteren entgegen. Er ist im Blau des Himmels gewandet, und ein Betrachter (Willy Kramp) vermutet in ihm einen Engel. In der Tat verhält er sich wie der Schutzengel des Alten. Die Stirn des Jüngeren berührt ihn sacht – und so und durch die Bewegung der Hand zur Schulter wird die Zielstrebigkeit des Älteren sanft abgebremst.

Dies scheint mir als Vater erwachsener Kinder ein schönes Bild: Wie die Planungen unseres Lebens, die wir nicht nur für uns, sondern immer auch „für unsere Lieben" machen, sanft, leicht, aber eindeutig von der doch so ganz anderen Art zu leben der Jüngeren abgebremst werden, so als hätten sie Verständnis dafür, daß wir nicht zur Gänze in unserem Lauf unterbrochen werden können, daß es für uns schwierig ist, ihre Art zu leben zu verstehen und zu akzeptieren.

Das Leben ist ein Weg. Wir haben uns für diesen Weg bestens ausgerüstet. Unser Schuhwerk hat dicke Sohlen. Wir spüren die Erde, aus der wir kommen, nicht mehr direkt. Daran mag es liegen, daß wir das „Wort", das der Schöpfer dieser Erde in uns eingewurzelt hat, nicht mehr hören. Wie läßt sich das ändern? Jan Skácel, ein tschechischer Dichter (der von Reiner Kunze ins Deutsche übertragen worden ist), hat einen Vierzeiler verfaßt, der uns einen Hinweis gibt, auch wenn er zunächst nichts mit diesem Bild zu tun haben scheint:

„die laubigen laubfrösche bitten laut / (der morgen stellt sich häufig taub und blind) / mit laub auf den stimmen mit zungen betaut / für alle die im herzen barfuß sind".

Man hört die „laubigen laubfrösche" bitten, wenn man den Rhythmus des Vierzeilers gefunden hat. Für wen bitten sie? „für alle die in ihrem herzen barfuß sind". Das ist ein ungewöhnliches Bild. Hier wird zusammengespannt, was so nicht zusammengehört: Herz und Fuß. Das Bild scheint uns umso unverständlicher, als man bei uns nicht gewohnt ist, barfuß zu gehen. So wie die Sprache des Glaubens präzise ist, so gibt es in einem guten Gedicht eine „unspezifische Genauigkeit" (Hilde Domin), auf die es zu achten gilt, eine Reserve des Ungesagten. Barfuß laufen bedeutet, die Isolierung zwischen Menschenfuß und Gotteserde aufheben, zu spüren, worauf ich stehe, verletzbar zu werden. Im Herzen barfuß sein bedeutet, offen werden für leise Berührungen, unfähig werden zu Verletzungen, die man mit Stiefeln zufügt. Die Füße gehen nicht auf in ihrer Nützlichkeit. In ihnen findet sich „im kleinen" der Mensch, und sie verstehen die Sprache des Herzens.

So tragen sie über die Brücke. Und es mag dann wohl geschehen, daß sich aus dem unendlichen Himmel Gottes eine Hand streckt, uns leicht stoppt, daß eine Stirn uns sanft berührt, daß der gestirnte Himmel ein wenig den Glanz zurücknimmt, sich sozusagen verkleidet, damit das Licht, das in uns ist, zu strahlen beginnt und den Himmel aufs neue zum Leuchten bringt.

Der Himmel senkt sich,
  er kommt und wird zur Erden.
Wann steigt die Erd empor
  und wird zum Himmel werden?

(III,32)

17

**Schaut doch das Wunder an!
Gott macht sich so gemein,
Daß er auch selber will
der Lämmer Weide sein. (I,156)**

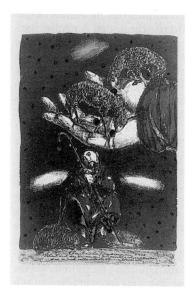

Bild 6 · Max Hunziker, 1955

Vom Wunder und vom Verwundern ist zu reden, von der Verwandlung Gottes.

Einem Sternenmantel gleich liegt der tiefblaue Himmel über dem Hirten und breitet sich als unendliche Weide aus. Der Schäfer, in dessen Kleidung sich Varianten der Himmelsfarben wiederfinden, sitzt wie träumend. Zu seinen Füßen Strohbündel. Alles in der unteren Hälfte des Bildes ist auf dieses Ensemble in seiner Mitte konzentriert. Es bildet ein geschlossenes Dreieck, das in ein größeres, in ein offenes Dreieck hinüberwächst. Es bildet sich aus drei Lichtpunkten, die die Dunkelheit des Himmels wie Augen durchbrechen. Genau in die Mitte dieses offenen Dreiecks ragt in einer Gegenbewegung von rechts nach links, die ganze obere Bildhälfte einnehmend und das Dreieck durchschneidend, eine übergroße Hand. Ihre bedrohlichen Proportionen werden abgemildert durch die goldbraunen Schafe, die gekuschelt in die Rundungen der Innenhand, friedlich weiden. Hier ist also in der unendlichen Weide ein Stück Endlichkeit abgesteckt, das Schutz bietet. Die Hand erinnert ein wenig an eine Sternschnuppe – oder, auf eine andere Ebene übertragen, an eine Sprechblasengeschichte, so als wolle der Künstler sagen: Hier, in dieser Hand, steht die ganze Geschichte geschrieben. Gewiß erinnert das Bild auch an Psalmentexte des Alten Testaments, etwa daran, daß „die Berge hüpfen wie die Lämmer" (Psalm 114,4) oder an Psalm 23: „Der Herr ist mein Hirte, mir wird nichts mangeln."

Das Bild des guten Hirten, der uns weidet und dafür sorgt, daß uns nichts mangelt, ist uns wohlvertraut. Das Ungewöhnliche an dem Reim des Angelus Silesius ist freilich – und Max Hunziker folgt ihm –, daß er gerade *nicht* reimt:

„Schaut doch das Wunder an!
Gott macht sich so gemein,
daß er auch selber will
der Lämmer *Hirte* sein."

Daß Gott seine Hand über uns ausbreitet wie der gute Hirte, ist gewiß wahr und selbstverständlich für den Glauben des Alten Testaments. Das Wunder besteht nicht darin, daß Gott Hirte ist, sondern darin, daß Gott sozusagen zum Humus wird, zum Boden, zur Weide, auf der die Schafe grasen. Gott begibt sich unter die Füße der Menschen. Max

Hunziker läßt den Himmel durch die Hand durchscheinen in drei roten Farbtupfern. Was am Himmel Sterne sein mögen, ist auf Erden Blut, mit dem der Boden getränkt ist. Gott wird ganz diesseitig und bleibt es selbst dann, wenn wir ihn immer noch jenseitig sehen. Es ist nicht mehr die Hand Gottes, wie sie uns in den Bildern alter Meister begegnet: Gott reißt den Himmel auf und gebietet Halt. Es ist die andere Seite Gottes, eine bloße Hand, die abgegrast wird, verletzbar, auf der Spuren hinterlassen werden. „Die Bibel weist den Menschen an die Ohnmacht und das Leiden Gottes, nur der leidende Gott kann helfen" (Dietrich Bonhoeffer, Brief vom 16. 7. 1944).

Dietrich Bonhoeffer hat über diese andere Seite Gottes nachgedacht. In seinen Gefängnisbriefen heißt es am 21. 7. 1944 (nach der Nachricht über den Fehlschlag des 20. Juli 1944): „Später erfuhr ich und erfahre ich bis zur Stunde, daß man erst in der vollen Diesseitigkeit des Lebens glauben lernt. Wenn man völlig darauf verzichtet hat, aus sich selbst etwas zu machen – sei es einen Heiligen oder einen bekehrten Sünder oder einen Kirchenmann (eine sogenannte priesterliche Gestalt!), einen Gerechten oder Ungerechten, einen Kranken oder einen Gesunden – und dies nenne ich Diesseitigkeit, nämlich in der Fülle der Aufgaben, Fragen, Erfolge und Mißerfolge, Erfahrungen und Ratlosigkeiten leben –, dann wirft man sich Gott ganz in die Arme, dann nimmt man nicht mehr die eigenen Leiden, sondern das Leiden Gottes in der Welt ernst, dann wacht man mit Christus in Gethsemane, und ich denke, das ist Glaube, das ist ‚Metanoia' (Umkehr); und so wird man ein Mensch, ein Christ (vgl. Jerem. 45!).

Wie sollte man bei Erfolgen übermütig oder an Mißerfolgen irre werden, wenn man im diesseitigen Leben Gottes Leiden mitleidet?"

Im letzten Kapitel des Johannesevangeliums wird berichtet, daß der Auferstandene zu einer letzten Mahlzeit im Kreis seiner Jünger weilt. Nach dem Mahl fragt Jesus den Simon Petrus: „Hast du mich lieb?" Petrus antwortet, etwas umschweifig, vielleicht auch ein wenig entrüstet: „Ja". Spricht Jesus zu ihm: „Weide meine Lämmer" (Joh 21,15.16.17). Dreimal wiederholt sich dieser Vorgang. Die dritte Aufforderung, die leicht verändert lautet „Weide meine *Schafe*" mündet in eine Lebenserfahrung: „Wahrlich, wahrlich, ich sage dir: Als du jünger warst, gürtetest du dich selbst und wandeltest, wo du hin wolltest; wenn du aber alt wirst, wirst du deine Hände ausstrecken, und ein anderer wird dich gürten und führen, wo du nicht hinwillst. Das sagte er aber, zu zeigen, mit welchem Tode er Gott preisen würde. Und als er das gesagt, spricht er zu ihm: Folge mir nach!" (Joh 21,18f.)

Es gibt Lämmer und Schafe. Sie bedürfen des Hirten. Er wird bestimmt. Wo aber ist die Weide? Die Lebenserfahrung zeigt: Als du *jünger* warst, hast du dein Leben selbst in die Hand genommen. „Du wandeltest, wo du hin wolltest." Das ist die eine Weide: das Feld unserer Möglichkeiten und die Erfüllung unserer Wünsche, der Aufbruch der Jungen, die Offenheit der Welt. Und es gibt nichts daran auszusetzen. Im Gegenteil, wir werden nur „jünger" sein, nur Menschen im wahren Sinne sein, wenn wir diese unsere Möglichkeiten nicht ausklammern, sondern gerne ausnutzen. Aber die Lebenserfahrung zeigt auch, daß du „*alt* wirst", daß du zunehmend abhängiger wirst, daß du die Hände ausstrecken wirst nach dem Hirten, der dich führen soll auch dann und dort, „wo du nicht hinwillst". Die einseitige Frömmigkeit meint zuweilen, daß dieser zweite Weidegrund dem ersten entsprechen muß, zumal und vor allem dann, wenn wir ihn betreten auf die Aufforderung hin „Folge mir nach". Wenn schon Wege gegangen werden müssen, sollen sie erklärbar, auf Gott zurückführbar sein. Aber so sehr es der Erfahrung entspricht, daß Gott uns „auf grüne Auen" führt, so sehr wissen Menschen darum, daß diese Auen manchmal vertrocknen. Es ist wie ein Bruch des Vertrauens, vor dem wir uns bewahren lassen wollen mit der Bitte: „Und führe uns nicht in Versuchung."

„Folge mir nach": Auf die Weide kommen wir nur über einen Weg. Der Weg ist die Antwort: „Es war Gott zu wenig, seinen Sohn zum Wegbegleiter zu machen", sagt Augustinus. „Er machte ihn zum Weg, damit er dich beim Gehen leitet." Du findest mich auf dem Weg – und der Weg ist die Weide, von drei Seiten umgeben von den lichten Öffnungen des Himmels, von der Erfahrung, daß Gottes Himmel transparent ist, was immer auch geschieht. „Wir sind zwar noch nicht bei Gott angelangt. Aber wir haben den Nächsten bei uns. Trag ihn, mit dem du gehst, um zu dem zu gelangen, bei dem du ewig zu bleiben verlangst" (Augustinus).

Ich weiß kein Mittel nicht
   als meinen Jesum Christ:
Sein Blut, das ists, in dem
   sich Gott in mich ergießt. (I,167)

Die Ros ist ohn Warum:
  sie blühet, weil sie blühet,
Sie acht nicht ihrer selbst,
  fragt nicht, ob man sie siehet. (I,289)

Bild 7 · Max Hunziker, 1955

Am Fuß einer Stadt liegt schlafend ein Mensch. Er ist dunkel gewandet. Goldborten zieren seinen Wams. Eine Hand reckt sich nach oben, wo im Ausschnitt des Himmels ein angeschnittener Kreis erscheint, dessen äußere Umfassung ein durchbrochenes Goldband bildet. Die Innenseite dieses Kelchs ist von dunklem Grund, der Kleidung des Schläfers angenähert wie auch denen der Blätter der Rose. „Der schlummernde Mensch ist dem Wachsenden und Blühenden unmittelbar verschwistert" (Willy Kramp). Die aufwärtsweisende Bewegung der Schläferhand setzt sich fort im aufwärtsstrebenden Rosenzweig und gipfelt in einer cremefarbenen, von lichten

Schwarztupfern benetzten Edelrose. Die Bewegung von Hand und Rose hat Max Hunziker so gestaltet, daß sie die Stadt umschließen, die Kirche allerdings draußen vor bleibt.

„Die Ros ist ohn Warum: sie blühet, weil sie blühet": „Alles Blühende ist schön, weil ein jedes sein Wesen deutlich ausspricht. Dennoch gibt es Unterschiede in solcher Bezeugung, und wer ihnen nachsinnt, wird auch ruhiger den Unterschieden in aller Gestalt des Menschlichen begegnen ...
Auch unter den Blumen findet sich, wie unter den Menschen, eine Art Alltagsschönheit. Eine Schönheit sozusagen, die aus der Gesundheit kommt. Eine derbe, nüchterne, beständige Schönheit, die sich nicht zu weit von den Zwecken und Härten des übrigen Lebens entfernt hält, in ihnen jedoch sich umso fröhlicher bewährt.
Der vollerblühte Rosenbogen ist ja fast zu schön für diese Welt ... Es gibt auch eine menschliche Schönheit, deren Kraft nur dazu ausreicht, sich selbst darzustellen, die aber sofort vergeht, wenn ihr Zusammenhang und Bewährung zugemutet wird; eine Schönheit, die zu Traum und Flamme lockt, aber keine Frucht will. Wie gut, daneben die Blüte zu sehen, in deren schlichter und fester Gestalt sich schon die gesunde Frucht ankündigt." (Willy Kramp, Die Spiele der Erde. Gedanken in einem Garten, Biederstein-Verlag, München 1956, S. 54ff.)

Die Rose gilt uns als Symbol der Ewigkeit wie des Rätselhaften. Sie fordert das „Warum" geradezu heraus. Sie ist ein Geheimnis, das es zu ergründen gilt. Sie ist das Abbild ewiger Weisheit (Sirach 24,18), die man in sich aufnehmen soll. Und dennoch gilt: „Die Ros ist ohn Warum". Sie ist der Sinnfrage enthoben. Ihr Sein ist ihr Sinn. Sie ist Bild vollkommener Schönheit, aber indem sie vergeht, zeigt sich das Fragmentarische ihres Lebens. In ihr ist alle Schöpfung konzentriert vorhanden, aber zugleich „sehen wir nur wie in einem Spiegel", wir erkennen „nur stückweise" (1. Kor 13,12).

Max Hunziker malt einen Schlafenden. Aber vielleicht schläft er gar nicht? Vielleicht hat er, müde von allen Warum-Fragen, die uns das Leben aufnötigt, für einen Moment die Augen geschlossen? Vielleicht ist er für einen Moment einverstanden damit, daß das Fragmentarische seines Lebens nicht hier und sofort eine Antwort findet? Vielleicht weist seine Hand deshalb nach oben – auf die Rose, die im Ausschnitt des Himmels den Platz einnimmt, der in alten Bildern der Hand Gottes zusteht? Vielleicht will er uns sagen, daß wir die Fragen, die sich tagtäglich aufdrängen, nicht beiseite schieben sollen, aber gelegentlich darüber ausruhen dürfen? Daß unser ganzes tägiges Leben, die Stadt, in der wir leben, eingeschlossen ist in diesem Bruchstück der Schöpfung, die lebendig ist auch dann, wenn sie keine Antwort erhält darauf, „ob man sie siehet"?

Vielleicht gibt es elementare Momente der Schöpfung, die nicht immer aufs neue eine Antwort, eine Hand Gottes, die Antwort des Kirchturms verlangen? Vielleicht will uns das Bild anregen, das, was wir sind und haben, aus uns werden zu lassen, so unfertig es uns zuweilen auch erscheinen mag, es in ruhiger Gelassenheit anzunehmen, als Fragment des Schöpfers, der in das eine Stück alles bereits eingezeichnet hat, auch dann, wenn es Fragment bleibt? Vielleicht will es uns hinweisen darauf, daß wir, ein Ausschnitt der Schöpfung, immer schon aufgehoben sind in einem größeren Ausschnitt, wie die Rose auf unserem Bild, deren Blüte von einem größeren Kelch umfangen wird, dem Kreis, der sich einbettet in eine größere Wirklichkeit? Der Kelch zugleich, der immer mit dem Tau des Himmels gefüllt ist? Vielleicht will es uns wie auch Angelus Silesius sagen, daß der Hintergrund, auf dem wir leben, zu uns gehört, daß die cremefarbene Rosenblüte zu sehen ist auf dunklem Hintergrund ungleich besser, als wenn sie sich ins Licht stellen würde? Vielleicht ermahnt es uns durch einen Satz von Augustin: „Indem der Mensch sich selbst gefällt, als wäre er sein eigenes Licht, setzt er sich von jenem Licht ab, durch das er selbst zum Licht würde."

Rilke – so erzählt Josef Bill – „ging in der Zeit seines Pariser Aufenthaltes regelmäßig über einen Platz, an dem eine Bettlerin saß, die um Geld anhielt. Ohne je aufzublicken, ohne ein Zeichen des Bittens oder Dankens zu äußern, saß die Frau immer am gleichen Ort. Rilke gab nie etwas, seine französische Begleiterin warf ihr häufig ein Geldstück hin. Eines Tages fragte die Französin verwundert, warum er nichts gebe. Rilke antwortete: ‚Wir müßten ihrem Herzen schenken, nicht ihrer Hand.'

Wenige Tage später brachte Rilke eine eben aufgeblühte weiße Rose mit, legte sie in die offene, abgezehrte Hand der Bettlerin und wollte weitergehen. Da geschah das Unerwartete: Die Bettlerin blickte auf, sah den Geber, erhob sich mühsam von der Erde, tastete nach der Hand des fremden Mannes, küßte sie und ging mit der Rose davon.

Eine Woche lang war die Alte verschwunden; der Platz, an dem sie vorher gebettelt hatte, blieb leer. Nach acht Tagen saß sie plötzlich wieder wie früher an der gewohnten Stelle. Sie war stumm wie damals, wiederum nur ihre Bedürftigkeit zeigend durch die ausgestreckte Hand. ‚Aber wovon hat sie denn in all den Tagen gelebt?' fragte die Französin. Rilke antwortete: ‚Von der Rose.'" (Zitat aus: Gerd Heinz-Mohr/Volker Sommer, Die Rose, Diederichs-Verlag, München 1988, S. 199)

Ein grundgelaßner Mensch ist
   ewig frei und ein:
Kann auch ein Unterschied an
   ihm und Gotte sein? (II,141)

Weil Gottes Kinder nicht
   das eigne Laufen lieben,
So werden sie von ihm
   und seinem Geist getrieben. (I,301)

Vom Lieben und vom Umgetriebensein soll die Rede sein.

Vom erdbraunen Hintergrund setzt sich ein blauer Turm ab. Er neigt sich leicht nach rechts. Seinen Untergrund bildet ein olivgrüner Viertelkreis. Ihm vorgelagert rot, blau, grün und braunschwarz gewandete Menschen unterschiedlicher Größe, unterschiedlichen Alters und unterschiedlicher Ausstattung. Ungewöhnlich derjenige, der – ohne Flügel – wie ein Schwimmer quer durch das Bild segelt. „Wer vom Geist getrieben wird, der entschwebt sichtbarlich allen seinen irdischen Verhältnissen" (Willy Kramp). Man fühlt sich an Chagalls segelnde Figuren erinnert. Der Segler teilt das Bild ebenso in zwei Hälf-

Bild 8 · Max Hunziker, 1955

ten wie der Turm und bildet mit diesem zusammen ein Kreuz. Sieht man genauer hin, entdeckt man die Umrisse einer Taube, wie sie etwa der französische Maler Georges Braque so eindrücklich gemalt hat. – Ungewöhnlich sicher auch die erdgebundene Figur im Vordergrund, die trotz ihrer Flügel nicht fliegt.

Daß „Gottes Kinder nicht das eigne Laufen lieben", wie uns Angelus Silesius in seinem Reim sagt, ist ein ungewöhnliches Bild. Wohl ist es heute so, daß wir eher fahren oder uns fahren lassen, als gehen oder laufen. Das Gehen, diese Urbewegung des Menschen, ist uns im tätigen Leben ein wenig abhanden gekommen und dem Freizeitbereich zugewiesen. In einer Welt, in der nichts so wichtig zu sein scheint wie die Zeit, die wir durch immer schnellere Fortbewegung einsparen können, ist wenig Platz für langsames Gehen oder behäbiges Laufen. Indes, davon wußte Angelus Silesius nichts. Damals wie heute haben sich „Gottes Kinder" durch vieltätige Geschäftigkeit ausgezeichnet. Und doch ist es wohl nicht diese rührige Geschäftigkeit, die „Menschenkinder" zu „Gottes Kindern" macht. Es ist etwas ganz und gar Unhektisches, was ihnen dieses Prädikat einträgt: „Selig sind die Friedfertigen, denn sie werden Gottes Kinder heißen" (Mt 5,9).

In der Tat, daß wir es eilig hätten, unsere Friedfertigkeit, diese Gottesprägung, den Kindern der Welt unablässig anzubieten, davon kann wohl kaum die Rede sein. Gewiß leben wir in einem christlichen Abendland, doch wir leben in einer Atmosphäre der Abschreckung, die so gar nichts zu tun hat mit Friedfertigkeit. Der Weg ist weit von den Schlachtfeldern der verbrannten Erde zu den grünen Fluren des Friedens. Nach wie vor sind wir „Gottes Kinder unter einem verderbten Geschlecht" (Philemon 2,15) und verhalten uns nicht frei „in der Freiheit der Kinder Gottes" (Römer 8,21). Unter uns gibt es nicht nur ein Stöhnen der geknechteten und verbrannten Erde; über uns zieht sich die Atmosphäre aus unserer Friedlosigkeit zurück. Wir „Kinder Gottes" sind nicht dieser Erde enthoben. Wir leben in ihr und nur allzu oft sind wir infiziert von den Defekten der „Kinder dieser Welt". „Draußen laufen sie den Dingen nach, die sie geschaffen haben", sagt Augustinus; „und drinnen verlassen sie den, der sie selbst geschaffen hat, und so zerstören sie das Werk, zu dem der Schöpfer sie geschaffen hat."

Den braunroten Hintergrund, der mit einer verschwindenden Ausnahme – der olivgrüne Viertelkreis – das ganze Bild füllt, teilt ein Turm senkrecht in zwei Hälften. Er ragt wie ein Fingerzeig nach oben. Max Hunziker hat ihn in dem lichten Blau des offenen Himmels gemalt. Er ruht auf olivgrünem Grund. Seine schiefe Haltung im Verbund mit dem schmalen Grünstreifen zeigen ihn in einem nicht gerade günstigen Zustand. Noch steht er auf einem Hoffnungsstück, wenngleich einem kleinen, aber seine Haltung neigt sich doch bedrohlich dem Einsturz zu. Türme dieser Art dienten in früherer Zeit Mensch und Kreatur als Schutzraum. Nach wie vor symbolisieren sie für uns die „feste Burg", die für die „Kinder Gottes" „unser Gott" ist (Martin Luther). Und doch sind sie in ihrer ehernen Unbeweglichkeit zu allen Zeiten eine Warnung gewesen an die „Kinder Gottes", Gott und sich selbst nicht einzufrieren, unbeweglich zu machen in dogmatischen Richtigkeiten und anderen Unbeweglichkeiten.

Weil das aber wohl dennoch und immer wieder geschieht, „werden sie von ihm und seinem Geist getrieben". Der Geist hat in der Vorstellung der „Kinder Gottes" Flügel. Die Taube ist sein Symbol. Sie benutzt zwar die Türme, die z. B. in Italien, wo Max Hunziker gelebt hat, für sie gebaut worden sind als Nist- und Schutzräume. Aber sie ist nicht von ihnen abhängig und kann sich jederzeit an einen anderen Ort erheben.

Die Taube, dieses Symbol des lebendigen, umherschweifenden Geistes Gottes, der auch als lebendiges, belebendes Feuer dargestellt wird, das nicht Erde verbrennt, sondern Leben zeugt, die Taube ist uns heute auch Symbol des Friedens. Wenn also hier wider Erwarten ein Mensch ohne Flügel abhebt von der Erde, vor den Turm schwebt, mit ihm ein Kreuz bildet und so zur Überraschung aller Elemente wird, dann mag das wohl bedeuten, daß das Haus des Friedens allein durch Unbeweglichkeit nicht zu bauen oder zu erhalten ist, sondern daß es ungewöhnlicher Imaginationen, erstaunlicher Erhebungen bedarf, die uns helfen, gegen alle Wahrscheinlichkeit abzuheben über sogenannte Realitäten, die da lauten „Es ist ja doch nichts zu machen". So werden wir zum Kreuz, auf das selbst Menschen mit Flügeln ihre Hoffnung zu setzen beginnen. Reiner Kunze hat einmal über das „pfarrhaus" (für pfarrer W.) einen Vierzeiler geschrieben, der gewiß allgemein für den Christen gelten sollte: „Wer da bedrängt ist findet / mauern, ein / dach und / muß nicht beten" (gespräch mit der amsel, S. 177).

Das eine ist den „Kindern Gottes" so nötig wie das andere: daß sie Mauern und ein Dach haben und darunter sein können. Aber Friedfertigkeit macht es ihnen zugleich selbstverständlich, denen, die bedrängt sind und laufen, das Tor zu öffnen und das Dach anzubieten ohne Vorleistung. Und wenn wir es anders gelernt haben und zögern, dann soll es wohl geschehen, daß der Geist uns so erfaßt und treibt und uns leicht macht, daß wir nicht nur Schutz gewähren ohne Vorbehalt, sondern selbst anfangen zu laufen mit denen, die bedrängt sind.

Blüh auf, gefrorner Christ,
   der Mai ist vor der Tür!
Du bleibest ewig tot,
   blühst du nicht jetzt und hier. (III,90)

**Fleuch, meine Taube, fleuch
und rast in Christi Seelen!
Wo willst du dich sonst hin
verbergen und verhöhlen? (II,98)**

Bild 9 · Max Hunziker, 1955

Nun soll vom Fliehen und vom Verbergen gesprochen werden.

Vor schwefelgrünem Hintergrund, der an einigen Stellen in einen dumpfgrünen Ton übergeht, ragt die Figur eines Menschen von links unten nach rechts oben ins Bild. Er beugt sich nach vorne, so als stemme er sich gegen einen Sturm. Er ist in ein dunkles Rot gewandet. Seine Arme hat er vor der Brust verschränkt. Auf der rechten Hand sitzt eine weiße Taube, die Flügel aufgerichtet wie zum Abflug – oder wie nach der Landung. Der Mensch betrachtet die Taube – den Lauf unterbrechend, sinnend, wie ein Gleichnis.

„Fleuch, meine Taube, fleuch." Wer ruft so? Vater Noah fällt dem kundigen Bibelleser ein. Aber er schickte Tauben nicht aus zum „Verbergen und Verhöhlen". Er schickte sie aus dem engen Gefängnis der Arche in die Weite der neuen Erde. Hier jedoch wird eine Arche gesucht, eine Höhle, wo sich jemand bergen will.

Der, der da so ruft, ist wohl selber einer, der flieht? Einer, der der Taube keinen dauerhaften Schutz mehr bieten kann, wenngleich sie sich hier in der Nähe seines Herzens niedergelassen hat? Gleich wird sie wieder auffliegen müssen, um sich zu retten. Einer, der selbst sich gegen den Sturm stemmt, der sich gegen ihn gewendet hat, und doch weiß, daß es kein Zurück mehr gibt in die schwefelgrüne Hölle?

„Fleuch, meine Taube, fleuch" – aber wohin denn? Von wo droht Gefahr? Wie läßt sich bestimmen, wohin man sich wenden könnte? Die Gefahr droht von dort, wo sie am wenigsten zu erwarten ist. Verrat droht – vom Bruder, vom Freund!

„Wenn mein *Feind* mich schmähte, wollte ich es ertragen; wenn einer, der mich haßt, groß tat wider mich, wollte ich mich vor ihm verbergen. Nun aber", sagt der Sänger des 55. Psalms, „bist du es, mein Gefährte, mein Freund und mein Vertrauter, die wir freundlich miteinander waren, die wir in Gottes Haus gingen inmitten der Menge."

Die Not, in die dieser Mensch so gänzlich unerwartet geraten ist, die ihn wehr- und hilflos macht, zu Tode erschreckt, so daß er „wie von Grauen überfallen ist", gipfelt in dem gestöhnten Schrei: „O hätte ich Flügel der Tauben, daß ich wegflöge und Ruhe fände! Siehe, so wollte ich in die Ferne fliehen und in der Wüste bleiben. Ich wollte eilen, daß ich entrinne vor dem Sturmwind und Wetter."

Der Psalm endet mit einem Aufatmen: „Wirf dein Anliegen auf den Herrn; der wird dich versorgen und wird den Gerechten in Ewigkeit nicht wanken lassen."

Die Taube gilt als Tier ohne Falsch und ist Symbol für Vertrauen und Glauben, für Frieden und Wahrheit. Und sie ist dies alles in einem Maße, daß sie geradezu als dumm gilt. Die Taube ist von Natur nicht mit Waffen ausgerüstet, die ihr das Töten erlauben. Ihr kurzer Schnabel ist harmlos, die Flügel können kaum stärker schlagen als ein Mensch mit einem Taschentuch. Ernsthafte Verletzungen kann sie nicht zufügen. Eine von Natur eingebaute Tötungshemmung ist nicht vonnöten. Gerät sie in einem Zweikampf in die Unterlage, gestatten es ihr ihre natürlichen Gaben in der Regel, sich durch Flucht zu entziehen. In Wirklichkeit ist die Taube also weniger Musterbeispiel des Friedenswillens, sondern eher ein Beispiel für die körperliche Unfähigkeit, anderen etwas Böses zu tun. Aus diesem Grunde, zu ihrem Schutz also, hat man früher in Italien und im Nahen Osten den Tauben Türme errichtet, in denen sie sich bergen konnten.

Es begegnen uns immer wieder Menschen, die sanft sind und friedfertig, die in einer Weise ausgestattet sind, daß ihnen das Verlangen nach Streit abgeht, irenische Menschen, die in Frieden leben möchten und meist viel für den Frieden anderer tun. Sie kommen aus einer Welt – und sie leben in einer Welt –, der Verrat und Mord und Totschlag und Hinterlist fremd ist, die sich also nur schwer verträgt mit der Welt, in die sie gestellt sind. Aber es gibt Gefährten, Brüder und Schwestern, die helfen. So wird das Leben erträglich. Und gerade sie trifft es bis ins Mark, wenn diese Vertrauten sie verraten, wenn sie anfangen über sie zu reden, sich von ihnen abwenden, sie und ihre Intimität verraten. Sie stürzen in einen Abgrund. Sie wissen nicht mehr ein noch aus. „Wohin denn sollte ich fliehen?"

Bei Hilde Domin lese ich: „Unsere Kissen sind naß / von den Tränen / verstörter Träume. / Aber wieder steigt / aus unseren leeren Händen / die Taube auf" (Gesammelte Gedichte, S. Fischer Verlag, Frankfurt a.M. 1988).

Mancher Traum ist zerbrochen. Tränen sind geflossen, die Kissen sind naß und schwer davon. Nicht das erste Mal hat sie dieser Schlag getroffen. „Aber wieder", heißt es, „steigt ... die Taube auf". Es scheint auf dieser Erde für sie keinen Platz zu geben, wo Vertrauen und Glaube, Frieden und Wahrheit gedeihen können. Immer wieder werden sie in die Grenzsituationen der Flucht, des Exils abgedrängt. Und dennoch und obwohl unsere Hände „hilflos und leer" sind, steigt immer wieder die Taube auf. Immer wieder entzieht sich die Taube der endgültigen Niederlage durch Flucht, siegt der Falke nicht. Immer wieder gibt es ein Aufatmen: „Wirf dein Anliegen auf den Herrn; der wird dich versorgen."

Aber eben: Werfen müssen wir selbst. Die Flucht antreten müssen wir selbst. Keiner kann das für uns tun. Nichts wird sich ändern, wenn wir es nicht zuvor akzeptieren. Der Kopf im Sand rettet uns nicht.

„Fleuch, meine Taube, fleuch, und rast in Christi Seelen!" Das ist der Fluchtpunkt. Wer hier als Rastplatz angeboten wird, ist einer, der selbst von seinen Freunden verraten wurde, der sein Anliegen auf den Herrn warf – und der Kelch ging vorüber in der Weise, daß er und alles vorüberging, mit aller tödlichen Konsequenz. Der Gerechte wankte, er fiel – und *stand wieder auf*. „Man macht keine Revolution, indem man aufbegehrt", sagt der Architekt Le Corbusier, „man macht eine Revolution, indem man die Lösung bringt."

Die Niederlage, in die ein Mensch gerät, wird von jedem anders erlebt und ertragen werden müssen. Dem einen ist es möglich standzuhalten, für den anderen gibt es nur die Flucht, wenn er überleben will. Wenn der Mensch des Mensch Wolf wird, ist es gut zu wissen, daß es am Herzen Gottes einen Fluchtpunkt gibt, bei einem, der bei uns sein wird, der selbst über alle Maßen versucht worden ist, und der mit uns hinabsteigt in die Tiefen. „Obwohl wir mitten in Gefahren und Versuchungen sind, sollen wir das Halleluja singen", sagt Augustinus. „Denn Gott ist getreu, er wird nicht zulassen, daß ihr über eure Kräfte versucht werdet."

Dies alles ist ein Spiel,
 das sich die Gottheit macht;
Sie hat die Kreatur
 um ihretwilln erdacht. (II,98)

**Den Himmel wünsch ich mir
 lieb aber auch die Erden;
Denn auf derselbigen
 kann ich Gott näher werden. (IV,97)**

Bild 10 · Max Hunziker, 1955

Vom Wünschen und vom Begehren soll gesprochen werden.

Der Himmel wendet uns seine dunkle Seite zu. Drei helle Flecken durchbrechen ihn. Ein Mensch, das helle Gesicht uns zugewandt, in leuchtend blauem Kittel und grüner Hose (oder Schurz), kniet vor einem goldbraunen Erdhügel, in den gerade ein blühender Baum eingepflanzt worden ist. Die roten Blütenzweige breiten sich licht über den dunklen Hintergrund aus, erhellen ihn wie einen Sternenteppich. Den Spaten hat er beiseite gelegt. Die Arbeit ist getan. Ein schwarz-weißes Band wölbt sich unterhalb der Mitte über die Breite des Bildes.

„Den Himmel wünsch ich mir." Gewiß möchten wir ihn besitzen, möchten leben „wie im Himmel", enthoben den Bedürfnissen nach Essen und Trinken und den Mühen, die damit verbunden sind. Umso mehr gilt dies von Menschen, denen das Leben und diese Welt zum Jammertal geraten sind, das es möglichst schnell zu durchschreiten gilt. Und doch kennen wir das „lieb aber auch die Erden". Besonders in den Extremsituationen dieses Lebens, wenn es ans Abschiednehmen geht, merken wir, wie sehr wir mit allem, was wir sind und haben, an dem hängen, was „Erde" für uns ausmacht. Wir sehen das Werk unserer Hände, wir sehen, was wir gepflanzt haben, was gedeiht, was Blüten und Früchte treibt, wie es die dunklen Stellen unseres Lebens mit hellen Farben zu besetzen beginnt und sich mit Lichtpunkten des dunklen Himmels verbündet. Es ist dem Menschen eben nicht aufgetragen, zu sehen, „daß diese Welt vor Gott nichts taugte und nütze wäre. Sie ist das große Mysterium, und ist der Mensch darum in dieser Welt geschaffen worden als weiser Regent desselben, daß er soll alle Wunder ... eröffnen und nach seinem Willen in Formen, Figuren und Bildnissen bringen, alles zu seiner Freude und Herrlichkeit" (Jacob Böhme, Von der Menschwerdung Jesu Christi, III, 6.6).

Wir sind, mit' allem, was uns geschenkt worden ist, an diese Erde als unseren Platz verwiesen. Der Himmel wendet uns seine dunkle Seite zu, als wolle er uns ermahnen, uns nicht in ihn zu verlieren, sondern die Farben in der Welt um uns herum zu suchen. Er ist zudem abgetrennt durch das große Band, das oben und unten verbindet, uns aber zugleich im Diesseits hält. Nur das Werk der fortdauernden Schöpfung kann zuweilen diese Grenze überschreiten und seine leuchtenden Zweige in das Jenseits treiben, als wollten sie uns ankündigen. Hier, „auf derselbigen kann ich Gott näher werden", hier findet sich der Sinn. Gewiß nicht in einer rastlosen Tätigkeit, die nichts als Mühe und Plage ist und Dornen und Disteln zu Tage fördert. Vielmehr im Werk unserer Hände, im Pflanzen und Behüten, in der Arbeit des behutsamen Gärtners, im Besorgtsein um die gute Schöpfung, wie sie sich im erstaunten Gesicht des Menschen spiegelt.

Laotse sagt: „Wer sinnvoll handelt, findet einen Sinn. Wer wirklich lebt, vereint sich mit dem Leben. Wer Armut kennt, was hat der zu verlieren? Kennst du den Sinn, erkennst du ihn in Allem. Stehst du im Leben, ist es eins mit dir. Kennst du Verlust, kann Armut dich nicht schrecken. Wer sich nicht treu ist, dem wird man nicht trauen."

Reiner Kunze wurde einmal von seiner Tochter aufgefordert: „du kannst jetzt ein Flugblatt machen". Er denkt nach, welche Texte auf diesen Flugblättern stehen könnten, und liefert schließlich 5 Flugblätter mit Texten anderer Menschen ab. Das „Flugblatt Nr. 4" lautet („besonders für junge Menschen, deren Ideal es ist, die Jugend unter dem Apfelbaum liegend zu verbringen"): „Jeden Tag denke ich daran, daß mein äußeres und inneres Leben auf der Arbeit der jetzt lebenden sowie schon verstorbenen Menschen beruht, daß ich mich anstrengen muß, um zu geben, im gleichen Ausmaß, wie ich empfangen habe und empfange." (Die wunderbaren Jahre. Prosa, S. Fischer Verlag, Frankfurt a.M. 1976, S. 55f.)

Dieser Text stammt von Albert Einstein. Er richtet sich nicht nur an die jungen Leute unter dem Apfelbaum. Er gilt uns allen, die wir oftmals verzagt die Hände ruhen lassen, weil ja doch alles nichts hilft, weil alles vergeblich zu sein scheint. Aber da ist ein Grund gelegt in den vielen, die vor uns waren, und in denen, die bei uns sind – im Guten und Bösen. Warum also nur unter dem Apfelbaum liegen, so schön das zuweilen ist, so nötig wir das oft haben? Warum nicht zuweilen einen Apfelbaum pflanzen in den dunklen Himmel, der uns ans Diesseits weist und der uns doch so treulich zudeckt? „Bedenke", sagt Augustinus, „ein Stück des Weges liegt hinter dir, ein anderes Stück hast du noch vor dir. Wenn du verweilst, dann nur, um dich zu stärken, nicht aber um aufzugeben."

In Gott lebt, schwebt und regt
  sich alle Kreatur:
Ists wahr, was fragst du dann
  erst nach der Himmelsspur? (IV,71)

Die Armut unsres Geists besteht in Innigkeit, Da man sich aller Ding und seiner selbst verzeiht. (IV,210)

Bild 11 · Max Hunziker, 1955

Von der Armut, von der Innigkeit und vom Verzeihen ist zu reden.

Max Hunziker malt auf seinem Bild zu dem Reim des Angelus Silesius zwei Menschen. Keiner ist in voller Größe zu sehen und doch nehmen sie das ganze Bild ein. Die Armut des Angelus Silesius ist in den vier Armen mit Händen zu greifen. Sie bilden sowohl das Fundament, auf dem alles ruht, und kommen zugleich von oben – wo die Bilder aufhören – über die ganze Breite des Bildes uns entgegen bis auf den unteren Mittelpunkt, wo sich die großen Hände zart mit den kleinen Händen berühren. Die großen Arme umfangen innig ein junges Gesicht, dessen Augen wie im Frieden geschlossen sind, und bilden ein umgekehrtes A, das in das O der blauen Arme hineinragt. So sind Alpha und Omega, Anfang und Ende zusammengefügt.

„Die Armut unseres Geists besteht in Innigkeit", sagt Angelus Silesius und erinnert an den ersten Satz aus der großen Rede auf dem Berg, die Jesus so beginnt: „Selig sind, die geistlich arm sind; denn das Himmelreich ist ihr" (Mt 5,3). Arm und hilfsbedürftig kommen wir auf die Welt und bleiben es ein Leben lang, selbst dann, wenn sich um uns Reichtümer mehren. Die geistlich Armen galten lange Zeit als unnütz. Sie waren aus der angeblich normalen Welt des Nützlichen verrückt, obwohl sie doch die einzigen Normalen waren – die nämlich, die die Verrücktheit der Welt nur ertragen konnten im Schweigen der „Armut des Geistes." Wir beginnen heute im Lärm der Zeit, die uns unsere Grenzen so deutlich gemacht hat, wieder das Schweigen zu entdecken. Wir beginnen zu entdecken, daß es leer in uns werden muß, wenn etwas hineingefüllt werden soll.

„Wenn du einen Behälter füllen willst", sagt Augustinus, „und du weißt, wie groß die erwartete Gabe ist, dehnst du die Rundung des Sackes oder Schlauches. Du weißt, wieviel du hineintun mußt, und siehst, daß der Hohlraum eng ist. Du weitest ihn, damit er mehr faßt. So weitet Gott die Seele durch das Verlangen, und indem er sie weitet, macht er sie aufnahmefähiger."

Das „Verlangen" nach Innigkeit soll unsere Seele weiten, daß sie wird wie ein offener Kreis, wie das stille O unseres Bildes, in das der, der allen Anfang gelegt hat, einfüllen kann, was uns nottut.

Laotse sagt: „In dir sei Leere und das Denken ruhe. Zehntausend Dinge entstehen und vergehen. Sie wachsen und blühen und kehren zur Quelle zurück. Dein Selbst versinke in Betrachtung der ewigen Wiederkehr. Ruhig ist die Rückkehr zur Quelle. Das ist der Weg der Natur, unwandelbar. Das Bleibende zu kennen bedeutet Einsicht. Doch das Ewige zu erkennen klärt den Sinn. Im göttlichen Bereich bist du eins mit dem Sinn. Einssein mit dem Sinn bedeutet Unsterblichkeit. Denn stirbt auch dein Leib, der Sinn währt ja ewig."

Max Hunziker malt ein Bild großen Schweigens. Niemand redet – und doch ist alles gesagt zwischen A und O. Die großen Worte sind hinweggenommen. Alles, was uns beschädigt und womit wir beschädigen, wird in die Geste der verzeihenden Hände genommen. Die großen Arme kommen aus dem offenen Himmel, zart berühren die großen Hände die kleinen Hände. Es ist alles Stille und ein Einswerden mit dem Reichtum Gottes. Das Himmelreich, die Innigkeit eines Menschenlebens, besteht wohl darin, daß wir „verzeih!" sagen lernen, auch „verzeih!" zu uns, und dann schweigen und die Leiblichkeit Gottes, die Hände sprechen lassen.

Wenn sich der Mensch entzieht
   der Mannigfaltigkeit
Und kehrt sich ein zu Gott,
   kommt er zur Einigkeit. (IV,224)

Freund, es ist genug!
Im Fall du mehr willst lesen,
So geh und werde selbst die Schrift
und selbst das Wesen. (VI, 263)

Bild 12 · Max Hunziker, 1955

Vom Beenden und vom Selbstwerden ist zuletzt zu reden. Tiefschwarz ist der Hintergrund. Ein roter und ein gelber Punkt verschwinden in der Ferne. Sie scheinen sich gelöst zu haben aus dem bunten Blumenteppich, auf dem ausgebreitet drei geschlossene Bücher liegen. Ein Lesepult für ein viertes Buch, das offen liegt. Ein Ende aller Mühe deutet sich an. Drei Schreibkiele heben sich federleicht in die Luft.

Geistliche Sinn- und Schlußreime zuhauf hat der „Cherubinische Wandersmann" auf seiner Pilgerfahrt notiert. Nun aber, Freund, ist es genug. Das ist der letzte Reim, den Angelus Silesius in sein Buch schreibt.

Es kommt für Menschen zuweilen die Stunde, wo alle Anhäufung von Wissen, alle Gelehrsamkeit und papierene Lebenserfahrung, wo der beständige Hinweis auf ach so bedeutende Menschen, die dieses oder jenes Kluge gesagt haben, an ihr Ende kommen. Wo wir nichts anderes möchten, als ausbrechen – aus allen vergangenen Jahren, aus allen Gedanken, aus allem, was uns am Boden festhält; wo wir den Bau unserer sorgfältigen Planungen zusammenreißen möchten, wo wir nichts anderes sein möchten als wir selbst, der andere, der ich bisher nicht war. Dies alles ist wohl gemeint und noch viel mehr.

„Lesen sie viel?" wurde einmal der französische Sprachphilosoph und Schriftsteller Roland Barthes gefragt. „Nein", antwortete er, „ich lese nicht viel. Das ist recht paradox. Ich könnte Ihnen oberflächlich antworten: weil ich wenig Zeit habe! So geht es ja allen. – Ich würde sagen, daß ich wegen der Empfindsamkeit und des Vergnügens nicht viel lese; entweder, weil das Buch mich langweilt – und dann lasse ich es, oder weil es mich erregt und mir gefällt – dann habe ich immer wieder Lust, mich abzuwenden, um weiter zu denken und selber zu reflektieren. Und das macht mich – quantitativ – zu einem ziemlich schlechten Leser." (Freibeuter 6/1980, S. 2ff.)

Unsere Not ist, so paradox es klingt, daß wir alles haben und darum nichts in uns finden. Unsere Not ist, daß wir in einem grenzenlosen Konsum leben, beständig auf der Suche nach jemandem, der uns Grenzen aufzeigen könnte, die Leben sinnvoller machen. „Freund, es ist genug!" „Und wenn du Jahr und Tag stündest und läsest alle Schriften und könntest gleich die Bibel auswendig, so bist du damit nichts besser vor Gott als ein Säuhirte, der diese Zeit die Säue gehütet hat, oder ein armer Gefangener in der Finsternis, der des Tages Licht dieser Zeit nicht gesehen hat" (Jacob Böhme, Vom dreifachen Leben des Menschen, 7.6).

Die erste und die zweite Zeile des Reims von Angelus Silesius vollziehen einen Bruch: „Freund, es ist genug! Im Fall du mehr willst lesen" – und nun ist man ganz gespannt auf die andere Lektüre, die empfohlen werden soll, aber es folgen zwei unerwartete Tunwörter: Geh und werde: „So geh und werde selbst die Schrift und selbst das Wesen."

Nach allem, was ich bisher gereimt habe und dir angeboten habe, kann ich dir keine weitere Leseempfehlung geben. Wohl aber eine Lebenserfahrung: Steh auf vom Lesepult, laß die Bücher Bücher, die Informationen Informationen, die berühmten Leute berühmte Leute sein. Geh und werde. Du selbst. Alles, was du brauchst, findest du bei dir selbst. Dein Ich ist unverwechselbar: „Retouchierbar ist alles / – Nur / das negativ nicht / in uns" (Reiner Kunze, gespräche mit der amsel, S. 88). Nehme dich selbst ernst. Dein bisheriges Leben ist wie ein Abzug deines wirklichen Lebens, eine Kopie. Schlage das Script deines Lebens auf, lies deine Rolle nach. Geh und werde!

Ein Mönch fragte einst einen Zen-Meister: „Was bedeutet das Kommen des ersten Patriarchen aus dem Westen?" Der Meister antwortete: „Frag den Pfahl, dort drüben." Der Mönch: „Ich verstehe nicht." Der Meister: „Ich auch nicht; nicht mehr als du." (Vanishing People of the Earth. National Geographic Society-Special Publication Division, Washington 1968, S. 119f.)

Klappe die Schrift, das heilige Buch, zu, rät Silesius, wenn du „das ewige Leben" suchst. Die Gebote, die darin stehen, kennst du ja alle schon. Du willst vollkommen sein? „Geh hin, verkaufe, was du hast, und gib's den Armen, so wirst du einen Schatz im Himmel haben; und komm und folge mir nach." Betrübt war er, der junge Mann mit den vielen Gütern, als er das hörte (Mt 19,16–26). Das tröstet uns. Denn auch uns mit unseren vielen Gütern geht es nicht anders. Und es tröstet umso mehr, daß Jesus auf die Frage: Ja, wer denn, in aller Welt, kann selig werden, wenn es schon dieser nicht konnte, der alle Gebote hält, schließlich zugibt: „Bei den Menschen ist's unmöglich; aber bei Gott sind alle Dinge möglich." So wollen wir denn nicht zuviel von uns verlangen, damit Gott reichlich an uns wirken kann. Wer nun freilich frömmer ist als Gott und Jesus und alle Heiligen zusammen, dem sei empfohlen: „So geh und werde selbst die Schrift und selbst das Wesen." – Das ist der Abschluß des „Cherubinischen Wandersmanns". Der Beginn lautet:

Rein wie das feinste Gold,
   steif wie ein Felsenstein,
Ganz lauter wie Kristall
   soll dein Gemüte sein. (I,1)